비상, 그 아래

추경희 시집

비상,
그 아래

서문

최광호 | (사)한국문화예술연대 이사장 |

추경희 시인이 세 번째 시집 『비상, 그 아래』를 상재하며 서문을 부탁해 왔다. 등단한 지 16여 년 동안 3권의 시집을 독자 앞에 내놓으니 그리 다작하는 시인은 아니다. 그만큼 그의 시는 오랜 기간 숙성되고 있어 읽는 내내 반가웠다.

이런 추경희 시인의 시어는 정제되어 있으며 그 속에서 삶에 대한 진솔한 자기 고백을 이끌어 내고 있다. 그것은 언어 이전의 삶에 대한 시인 스스로의 성찰의식이며 더불어 삶의 진정성에 관한 문제와도 맞닿아 있어 감동스럽다.

봄, 여름, 가을/ 소금꽃이 하얗게 필 때까지/ 나는 너희들이/ 피어오르는 모습을 보지 못했다

산책로 얕은 풀섶에서/ 풀벌레 소리가 들릴 때도/ 나는 너희들이/ 그곳에 있는 줄 몰랐다

　망초가 흰 꽃을 피우고서야/ 긴 시간 말없이 달빛을 달이고 있는/ 너희들이 보였다

　높이 날아오른다는 것은/ 망초꽃이 소금빛으로 발효되듯/ 아주 작은 것조차 버려야 한다고/ 그래야만 가볍게 날 수 있다고

　비상, 그 아래에서/ 너희들이/ 그렇게 나를 쳐다보고 있었다.
―시 〈비상, 그 아래〉 전문

　"실존은 본질에 앞선다"는 사르트르의 말은 인간에게 있어 가장 중요한 것은 현재 이 순간을 치열하게 살아내는 것이다라는 의미일 것이다. 바로 삶에 있어 실존은 추경희 시인에게도 시적 성찰을 이끌어 내는 도구로 작용하고 있다.
　추경희 시인의 시는 일상을 살아가며 거기에서 얻어진 시적 사유를 통해 희망의 언어를 길어 올리려 하고 있으며 그러한 신념이 그의 시세계를 떠받치는 기둥의 중심이 되고 있다.

길은/ 처음부터 있었던 것이 아니다

태초에/ 무성했던 별빛과/ 대지를 깨우던 살갑던 바람은/ 어떤 몸짓도 없었다

시간이 흘러/ 길이 열리고/ 서광이 비친 것은 더더욱 아니다

앞서간 이들의 흔적/ 그것은 길 잃은 날/ 작은 위로일 뿐

거친 뫼를 오를 때/ 가파른 숨통을 토해 보았는가?/ 아득한 물길을 열 때/ 꺾이는 고통을 맛보았는가?

길은/ 무수한 날들 위에/ 목타는 시간을 깔아 놓은

가야금 선율 같은 것.
―시 〈길·3〉 전문

길 위의 여로에서 인간 삶은 영위되고 지속된다. 인생은 길에서 시작하여 길에서 끝나는 여행인 것이다. 인간 삶의 수많은 시간들이 모여서 하나의 길을 이루듯 시인에게 길 찾기는 삶의 정체성을 확인하는 것이다. 이는 앞에서 언급한 실존의 확인과

도 일맥상통한다.

  현대의 급격한 변화에 존재하는 모든 것이 방향감각을 상실하고 있는 자본시장에서 삶의 정체성을 확립하는 일은 실존으로서의 삶의 길을 찾아가는 과정이다. 그 길 위에서 시인은 "가야금 선율 같은" 여정을 그리고 있으며 이는 시인이 추구는 궁극적인 희망의 길인 것이다.

  추경희 시인의 이번 시집 『비상, 그 아래』에는 인간에 대한 깊은 신뢰를 바탕으로 한 여러 국면의 다양한 시편들이 형상화되고 있어 따뜻하다. 불신과 자본이 지배하는 누추한 세상에 인간 삶에 대한 위무의 정신으로 쓰여진 추경희 시인의 시는 내게 깊게 깊게 각인되기에 서문 몇 자 적는다.

2016년 9월
문학공간사에서

시인의 말

망초가 하얗게 피던 날
달빛은 소금꽃처럼 부서지고 있었다.
그날부터 내 마음에선
노란 개나리가 필 때도
해당화가 붉게 익어 갈 때도
첫눈이 내릴 때도
망초는 새하얗게 피었다.
계절이 바뀌어도 시들지 않는 시 한 편
그 끝을 찾아서
망초꽃이 내 심장에 화석으로 남을 때까지
나는 사랑할 수밖에 없다.

2016년, 시인이고 싶은 날
추경희

추경희 시집 비상, 그 아래

□ 서문 | 최광호
□ 시인의 말

제1부 봄

꽃샘추위 ——— 17
봄이 온다는 것은·1 ——— 18
봄이 온다는 것은·2 ——— 19
봄이 온다는 것은·3 ——— 20
그맘때가 되면 ——— 22
황사·2 ——— 24
산벚꽃 ——— 25
시時 ——— 27
4월이 지면 ——— 29
자전거 타는 사람 ——— 30
술래·1 ——— 32
술래·2 ——— 33
일출 ——— 35
시詩, 너는 ——— 36
꽃망울 ——— 37
경계境界·1 ——— 38
경계境界·2 ——— 40
낮달 ——— 41
팔당댐에서 ——— 42
연둣빛 바람 ——— 43

비상, 그 아래 추경희 시집

44 ─── 시차 적응
45 ─── 아소만의 눈빛
47 ─── 하늘 한 조각
49 ─── 대나무처럼
51 ─── 스승의 나침반

제2부 여름

55 ─── 도라지꽃
56 ─── 화가의 울타리
58 ─── 독백
59 ─── 시, 너의 집
61 ─── TV를 보다가
63 ─── 여우비
64 ─── 천지
66 ─── 상념
67 ─── 망초꽃
68 ─── 낮잠
69 ─── 장마
70 ─── 행복
71 ─── 여백

추경희 시집 **비상, 그 아래**

독서 —— 72
말 가시 —— 74
비상, 그 아래 —— 75

제3부 가을

홍시·1 —— 79
홍시·2 —— 80
입추 —— 81
가을 장마 —— 83
구름처럼 —— 85
청설모, 둥지 찾는 시간 —— 86
바다 —— 87
추억·2 —— 88
청춘, 그 아름다운 시간 —— 90
노을 —— 91
10월, 양양에는 —— 92
사람과 매미 —— 94
잠자리 —— 95
연인 —— 96
돌아가는 길 —— 98

비상, 그 아래 　　　　　　　　　　추경희 시집

100 ——— 가을에게
102 ——— 조문弔文
104 ——— 한가위
105 ——— 낙엽·2
106 ——— 단풍잎과 은행잎
107 ——— 오색령
109 ——— 가을 소리를 들으며
111 ——— 님들이 지켜 낸 소리

제4부 겨울

115 ——— 상고대·1
116 ——— 상고대·2
118 ——— 상고대·3
119 ——— 길·3
121 ——— 까치밥
122 ——— 서리꽃
123 ——— 알람
125 ——— 겨울 숲·1
126 ——— 비석 거리
127 ——— 체감 온도

별이 아름다운 이유 ——128
불꽃놀이·2 ——129
자화상·3 ——130
민낯 바람 ——132
거울 ——133
하늘빛 고운 날 ——135
달력 ——136
점 ——138
흔들리는 것 ——140
감기 ——142
나로 인해 ——143
달관 ——145
첫눈 ——146
눈이 오시려나 ——148
첫눈이 오면 ——149
입시, 그 한파 ——150

제1부 봄

새봄, 아직 몰랐겠지만
너를 품고 있었던 것은
기다림의 미학.

꽃샘추위

자리를 내어 주기를
쉬임 없이
마음을 비우다가

아름다움 코앞에 오면
화들짝 피어나는
칼바람

잠깐 비켜서
한숨 돌려 보면
제 세상 만날 것을

한 움큼 남은 미련
몇 번을 더 까부라지려나.

봄이 온다는 것은·1

시작이다
봄이 온다는 것은

겨울 끝자락에서
낮달처럼 피어 있던 겨울 꽃 속으로
몽글 자리를 잡던 봄볕에
개나리 샛노랗게 물들면

어디부터 시작인지 몰라도
누가 그랬는지 몰라도

봄 강 숨소리 고물거리기도 전에
화들짝 피어 있는 강둑 앞에
타는 가슴
범람하기 시작한다.

봄이 온다는 것은 · 2

기다림은
침묵의 소리를 듣는 시간

새잎 열리는 떨림
그 작은 실바람은
아직 몰랐겠지만

가만히
귀 열고 다가서면
잔설 녹을 때까지
조용히 기다려 주는 동면

그렇게 꽃망울 틔우면
어느새 등 돌려 앉아 있는
겨울의 끝자리

새봄, 아직 몰랐겠지만
너를 품고 있었던 것은
기다림의 미학.

봄이 온다는 것은 · 3

마음에서
생각에서
이미 봄꽃은 피었는데

샛노랗게
눈 속에서 피어야만
봄이 왔다고
활짝 피었다고

들로
산으로
야단이다

봄은
어쩌다 눈에 들어온
장날 풍경이 아니다

마음의 넓이로
생각의 깊이로

우리의 봄은
이미 피어 있었다.

그맘때가 되면

가슴에 노란색 리본 달고
40년 전 초등학교에 입학했을 때도
30년 전 대학생이 되었을 때도
20년 전 첫딸 낳았을 때도
10년 전 불혹이 두려웠을 때도

주름 한 점 없이
시간은 언제나 제자리에 있었다

다만 내가
어쩌다 내가 변했을 뿐

예나 지금이나
옮겨진 것은
물소리, 바람 소리
그것뿐

10년이 지나도
40년이 지나도

다만 내가
어쩌다 내가 변했을 뿐이다.

황사·2

생각이 멈추어 섰다

머릿속에 둥지를 틀고 앉은
얽힌 상념들
봄바람에 실어 버리면
쉬이 풀릴 일

턱턱 걸리고 마는
또 다른 나
촘촘하게 일어나는
희뿌연 비늘들

갈증의 기억들.

산벚꽃

오늘 봄꽃을 봅니다

무척 여러 번 피었을 산벚꽃
오래도록 접어 둔 새하얀 그리움으로
오늘 한 방울 남김없이 열었습니다

저렇게 몸째
봄빛 태우고 있는 시간
어떤 생각도 말할 수 없는
나는, 머슴입니다

그러고 보니
지는 밤 벚꽃
몇 년째 보지 못했습니다

봄비 내리고
봄바람 불어 대면
꽃향기 사정없이 숨어 버릴 때도
어쩔 수 없는

나는, 머슴이었습니다

화들짝 다가서는 시간 앞에
밤새 열병을 앓았을 순정 앞에
너무 무관심했습니다
나는 나에게.

시 時

아무리 생각해 봐도
잘못한 것이 없는데
온종일 무겁다

이른 아침
아무 탈 없이 일어나
눈부신 햇살을 마주하고

점심나절
푸른 신록 물씬 풍겨 오는
검단산 산행

해 질 녘
평온한 저녁 식사를 준비하는
감사한 하루

장승처럼 허기진다

차라리 역모로 끌려온 먹장구름이

차라리 밟혀서 반질거리는 바위가
차라리 한소끔 울컥 넘치는 노을이

오늘 하루
가슴에 펄럭이는 깃발이었으면 좋겠다.

4월이 지면

물비늘 같은 목련이 지고
여린 새잎만 남겨 둔 채
4월이 지면

4월은
아슴아슴 아프다

화려한 신록
줄줄이 펼쳐 낼
5월의 찬란한 기억 속에서
4월이 지면

4월은
날개를 접던 목련 때문에
더욱 아프다.

자전거 타는 사람

턱, 턱, 숨통을 막는 길을
홑몸으로 오르기도 힘겨운 검단산을
어떤 이가 자전거를 타고 오릅니다

타다다닥
돌길을 헤집는 소리
터질 듯 온몸에 힘이 들어갑니다

군살 하나 붙지 않은 옹이진 돌
납작 엎드린 채
그냥 버텨 볼 요량입니다

페달을 슬슬 풀어 봅니다
팽팽했던 근육도 풀어집니다

힘을 내서 다시 페달을 감습니다
움찔움찔 앞으로 나아갑니다
튕겨져 나온 돌멩이 하나
바위 밑으로 숨어 버립니다

절대 달래서 갈 마음은 없나 봅니다
그의 등은 바위처럼 굽어집니다
그의 발목에서 쇳소리가 들립니다

저절로 땀이 납니다
마음에 회오리가 생깁니다
가파른 산등성이
나도 모르게 비켜서 줍니다.

술래·1

타―앙
파란 하늘을 향해
날려 버린
눈에 익은 공

숨어 봤자 그 자리
"이쯤이야."
"이쯤에 있어야 해."

보랏빛 꽃 속에 숨어 버린
얄미운 놈

오늘도
나는 나의 술래다.

술래 · 2

아이들이 자라는 동안
내 절실했던 꿈들
빈틈없이 심어 놓은
2012년, 여름

꽃 피면
무리 지어 따라나서던
향기가 있어
가슴에 만발했던 꽃 무더기
찾아보았다

산등성이 너머
꼴깍 해가 지면 찾지 않아도
산을 넘어오는 아침

계절 따라 같은 꽃이 피고
산을 넘어 아침이 오듯
그랬으면 내 젊음도 얼마나 좋을까

올여름 내내
숨어 버린 은빛 날개
내 뜰 안에 심어야겠다.

일출

뜨거운 심장
물 위로 퍼 올려놓고
두둥실 아침이 떠오르면
스스로 탯줄을 끊고
수많은 사람들에게
수많은 모양으로
던져지는 하루

그것은 습관적인 것이 아니다.

시詩, 너는

잊으마 하면
내 귀에서 속살거리는
고약한 놈인 줄 알았으면
예전에 시치미를 뗄 것을

이제는 계절도 없이
앙상한 뼈대만 들고 와서는
떠걱떠걱 할 말 다 하고 가는
삭정이 같은 너의 빈 모습

이제는 채워 주고 싶다

살점 하나 없이 찾아와도
긴 시간 숨을 고르면서
통통하게 살찌우고 싶다.

꽃망울

며칠째 낮잠을 깨우는 놈은
때 잃은 바람이다

봄꽃 피는 꼴을 못 보는
시샘 때문에
겹겹이 옷을 입고 있는 봄꽃
뽀얀 먼지만 뒤집어쓴 지
꽤 오래다

눈치만 보고 있던 꽃망울
이제는 활짝 피어날 때다

찬기 있는 바람이 불더라도
잠깐 견디면
나긋한 봄바람 불어올 때다.

경계境界·1

내가
태어나지도 않았던 1960년
어느 시인은

까치 한 마리 울고 간
빈 하늘을 쳐다보며
미칠 듯 고독해했다

날카로운 이지 앞에
처절한 토악질을 반복했을
시인은

지금
내게
무엇을 말하고 있는가?

한 편의 시詩가 두렵다

함부로 헐어 버린 적 없는

경계境界에서 오는 고민
나는
생각의 선이 두렵다.

경계境界·2

처음부터 알았던 것은 아니다
철이 없을 때
시를 많이 써야 한다는 것을

나쁜 시는 어디에도 없다
시는 좋고 나쁨이 아니라
깊이의 차이다

철이 없어 보지 못한 것은
죄인이 아니다
시간이 지나고 나면
용서되는 일

이미 어른이 되면
완벽한 두려움이 몰려와
생각의 깊이를 가늠하기 더 힘들다

시는
나이테를 만들어 가듯
보이는 시간만큼 풀어내는 것이다.

낮달

오십이라는 숫자는 낮달이다

벌컥벌컥 동해를 마신 해가 펄펄 끓어도
꼿꼿이 세운 등뼈 눕지 못하고
제 빛을 품고 있는 낮달처럼
여자는
오래전에 입은 상처라고 하지 않았다

꺾인 바람을 따라나설 때도
낮은 곳으로 낮은 곳으로 흐르는
희뿌연 낮달이고 싶지 않았다
강바닥 돌길에 일그러져도
여자는
강돌 위에 구멍 뚫린 서체로 눕고 싶었다

삶의 안팎을 넘나들며
터진 실핏줄을 삼켜 버린 낮달
여자는
사막 같은 낮달이 좋다.

팔당댐에서

댐 위에서
수문도 열리지 않은 강바닥을
내려다본다

점 하나에도 못 미치는 어깨의 무게
자꾸 강바닥에 주저앉을 때

넓어진 구름 떼의 그림자
점,
점,
점,
개폐용 문짝에 걸려 물 위에 떠 있다

물 양이 넘칠 때까지
점,
점,
점,
가위 눌림은 수심보다 깊다.

연둣빛 바람

집 앞 산책로에는
연둣빛 바람이 분다

발걸음이 드문 한적한 시간
덕풍천의 물소리 위로
향긋한 초여름 풀 향기
달빛을 이고 흐르면

작년에는 없었던
희고도 맑은 소리는
물길이 돌돌 말아서
배롱나무 아래를 걷다가

문득 생각나
징검다리를 건너
꽃향기 고여 있는
오목한 모퉁이에 이르면

자박자박 잦아드는 바람
은은한 달빛 추임새.

시차 적응

경계가 모호한 하루

온종일 맴을 돌고 있는 낯선 지금
투명한 시간을 따라와
쇠락의 기미가 보이지 않는 이곳에
전혀 예상치 못한 닻을 내리는 이 순간까지
분명히 어딘지는 알고 있었다

그런데, 선뜻 따라나섰던 마음

불분명한 시간의 흐름은
밤낮의 기온차를 알고 보면
제자리를 찾아올 줄 알면서도
시계를 믿지 못하는 것은

체감 온도를 잃어버린 탓인지
온종일 내리는 빗소리 때문인지

아직도 시차 적응이 힘들다.

아소만의 눈빛
ㅡ가네다성에서

1,300년 전
아소만이 품고 있는 대마도에는
바닥을 치고 튀어나온 성산이 있었고
일본은 대륙의 침공을 우려해
해발 276m에 가네다성을 쌓았다

2014년 3월 21일
나는
성벽만 남아 있는 성터를 뒤적이고 있다
어디서 본 듯한
돌이끼 진한 성돌을 만지며
오래전 백제인의 숨소리를 듣고 싶었다

멋진 트레킹 코스
서너 개의 성문을 지나 산 정상에 오르면
고대와 현대를 다 알고 있는
아소만이 눈 아래 있다

나도 모르게

잠깐 눈을 감았다
칼칼한 바다 냄새가 느껴진다.

하늘 한 조각
―세월호 침몰

신이여
제발
용서하소서

우리는
살아 있는 감사함을
넘쳐흐르는 행복을
독선과 이기심 속에
가두고 살았습니다

우리는
이 순간까지도
빛 좋은 허울에 걸렸습니다
그리고 캄캄한 시간에 놓여 있는
절박한 생명들을
그냥 보고만 있습니다

신이여
제발

오늘 아침 햇살을 거두어도 좋습니다
그들에게 하늘 한 조각 내려 주소서

신이여
제발
조금만 더 조금만
그들이 견딜 수 있는
하늘 한 조각 내려 주소서.

대나무처럼

대나무 속엔
고무줄보다 부드러운 바람이
낚싯줄보다 질긴 모습으로
있는 듯 없는 듯
숨어 있다

어느 날
꺾어 버릴 기세로 당겨 보면
어릴 적 뒷동산에서 불던
투명한 바람 소리를 내다가
힘껏 흔들어 보면
나뭇잎보다 더 요란하게
가슴을 떨고 있는 대나무

조금 기다리다
숨을 고르면
모든 것을 비우고 있는 대나무

나도 대나무처럼

언제든지
담아내고
털어 낼 수 있는
여백 하나
있었으면 좋겠다.

스승의 나침반
—세월호 침몰

세상에 태어난다는 것은
살아간다는 것은
시간마다
뼈를 세우는 과정입니다

살아 있는 동안
올곧은 뼈를 세우는 것이
인고의 고통이라면
죽음의 문턱에서
살신성인을 보여 준 당신은

양심도 도륙당한 현실 앞에서
누적된 억겁의 파도 위에서
절벽 같은 공포와 싸웠을 어린 생명들
그들에게
진정한 스승의 나침반을 띄웠습니다

몇 날을
시퍼런 심연 속에 피어 있었을

여린 꽃잎들을 위해
거친 물살을 잡고 있었던 당신

이제
생환의 기도 소리로 젖어 있는
고향, 양양 땅에서
일출과도 같은 봄꽃을 심으십시오.

제2부 여름

만질 수 없는 소리로
언어의 혈을 열어서
치명적인 아픔, 그 고통을
행복이라고 말할 수 있는
우리는, 진정 행복한 사람이다.

도라지꽃

 대서, 도라지꽃을 알게 한 시간이다. 척척 달라붙는 머리카락이 땀 냄새를 맡은 날이다. 고3인 딸이 독서실로 가는 길이 유난히 길다고 말하는 날이다. 하필 모든 것이 늘어지는 이때, 뼈지게 버티고 있던 보랏빛 향기는 나를 보았다. 아니 내가 너를 보았다. 요란하지 않지만 소박하지도 않지만 그렇다고 넓은 그림자를 만들지도 않지만 만져 보면 창호지 같은 너는 오랜 시간 여름을 잉태하고 있는 화석이다.

화가의 울타리

내 아이 눈 속에 동화가 담겨 있다

고운 빛깔 너무 좋아
아침 이슬 머무는 풀잎마다
오색 물감 풀어 본들 저리 고울까

가는 손 떨림
화폭에선 성이 쌓이고
휘돌아 매듭진 언덕길
살포시 웃는 꽃
갈꽃이라 이름 짓는다

툭툭 붓을 털어 찍어 낸 구름 한 점
흐뭇하게 떠 있으면
누가 보아도 바람이 쏘아 놓은 화살 자국인데
굳이 화가는 토끼 구름이란다

애써 묵인하듯
나무 사이로 파고든 햇살 하나 던져 주고 싶지만

나는 방해꾼이 되지 않기로 했다

어느새
땅따먹기로 장식해 놓은 울타리 안에
아름드리나무 서 있고
종달새가 돗자리를 펴면
그럴 듯한 폼으로 화가는 사인을 한다

먼 훗날
화가는 말할 것이다
노랗게 물든 은행잎
화가의 고뇌라고….

독백

며칠째, 쏘아 대는 별빛 탓일까
아무도 들어주지 않는 넋두리
주절주절 늘어놓는 시간

손가락 하나 움직일 수 없는
나는
광대처럼 시끄럽다

내 안의 나는
요란하기 짝이 없어
외로운 언어들
시詩 속에 묻히지 못하고
주인을 잃었다

가위에 눌린 밤
초침 소리도 들을 수 없다.

시, 너의 집

습관처럼 글씨를 쓴다, 글도 아닌
그러다 눈물이 핑 돈다

여느 때처럼
수없이 걸쳐 입고, 버렸는데
어둠 속에서 방황하는 누더기 같은 언어들
거추장스럽다, 해묵은 옷처럼

지렁이 모양으로 휘갈겨진 낙서들
후드둑 먼지로 떨어지는
등불 한 점 보이지 않는 시간

때 좋은 날
장미 한 송이 붉은 심장을 터트리면
소금빛 은하수 기적 같은 밤을 수놓아도

지금처럼
다시 시작해야 하는가

서른 살에는 마흔을 그렸듯이
뛰지도 걷지도 말고
또 낮춰야 들어설 수 있는

시詩, 너의 집을 찾아서
나는, 누더기 같은 시간을 주워 담는다.

TV를 보다가

TV를 보다가
해당화를 만났습니다

개그 프로였는데
까끌까끌한 속내를 숨겨 두고
맨들거리는 주홍빛 열매를 닮은
개그맨 입담이
어릴 적 남대천 돌 틈에 피어 있던
얄미운 해당화를 떠올려
한참을 웃었습니다

남대천의 여울지는 물빛과
해당화의 맑은 미소는
그렇게 유혹적이었습니다
순진한 얼굴을 하고 있는
개그맨 속내처럼

해당화 열매 한 알 맛을 보려면
잔뜩 웅크리고 있는 잔털 씨앗

몇 번을 씻어 내야 했던 일을
개그맨은 어눌한 말투로
사회를, 정치를, 경제를, 문화를
단번에 씻어 주었습니다

먹 감던 남대천 하늘과
지금 창 너머 푸른 하늘은
별 차이가 없어 보이는데
해당화와 개그맨은
위장술이 뛰어납니다.

여우비

기별도 없이 왔다가
잠깐 머물러 주기를
긴 여운만 남긴 사람아

화들짝 놀란 화단에
당신의 흔적
물오른 나리꽃 가슴으로
망울져 달려 있구나

살며시 왔다 가면
가만히 잊어지기를
하늘빛 몰고 와서
따갑게 쏘아 대고 가는 사람아

이제는
오는 길에 오색 비단 깔아 주랴
사람아
다음에 오려거든
아무도 모르게 가려마.

천지

동해물과 백두산이 마르고 닳도록

초등학교에 입학해서
처음으로 외우고 부른 애국가
그때부터 백두산 천지는 내 가슴속에
동경의 머리말로 남아 있었다

2012년 7월 9일
백두산 해발 2,200m를 올라와
드디어 40년 짝사랑을 끝냈다

긴 시간 짝사랑이면 어떠랴
천지, 너를 보는 이 순간만으로
한 백년 더 기다릴 수 있는데

오는 길 내내 요란했던 우레와
지금 막 물 위를 덮어 가는 안개는
산 중턱에서 만났던 금매화랑 노랑만병초
그들의 맑은 눈망울을 본 것으로 충분하다

다음에, 또 다음에 너를 찾아와도
아주 오래전부터
백발이 되도록 고민했을 백두산
지금 그 빗줄기를 받아 내고 있는 천지
너는 나의 영원한 그리움이다.

상념

오늘은
집 안에 매미 떼 소리가 가득하다
나는 며칠째 두통을 앓다가
구석구석 먼지를 털어 낸다

기억도 없는 낡은 장식장에서
풀벌레 소리가 난다
그것마저 창밖으로 쓸어 버린다

하나, 하나, 몰아낸다

내가 잠깐 쉬는 동안
빽빽 울어 대던 매미 떼 소리는
메아리 같은 알을 슬어 놓는다

진땀이 난다
먹먹해진다

자꾸만 생겨나는 생각 때문에
나는 매미 떼를 찾을 수 없다.

망초꽃

　나는 몰랐다. 미사리 산책로에도 메밀꽃이 핀다는 것을…. 자전거 길 강 쪽을 버리고 굽이진 중간 길을 걷다가 낮은 둔덕에 올라서면 달빛을 발하고 있는 망초꽃이 새하얗게 피었다. 아니 메밀꽃이 흰 모래알처럼 펼쳐져 있다. 어릴 적 걸었던 고향 언덕에도 몰려 앉아 있던 망초꽃으로 여름밤은 늘 하늘거렸다. 풋밤송이처럼 까실하던 첫사랑처럼…. 오늘 나는 마음속에 멈춰 버린 새하얀 밤, 환상적인 이 순간 달빛에 감전되고 말았다.

낮잠

농로를 걸었다
피 하나 보이지 않는 논에는
벼들이 잔디처럼 자라고 있었다

구불거리는 길에는
어린 강아지풀과
무리 지어 있는 토끼풀들이
가끔 바람에 흔들리곤 했는데
아직 이삭이 달리지 않은
뾰족한 벼 끝에선
바람이 그대로 꽂혀 있었다

산도 강도 보이지 않는
어딘지 모를 그곳에서
끝없는 길을 따라 걸었는데
이상하다
빗소리 탓에 잠에서 깨어났는데
생각 없이 그 길을 걷는다.

장마

간헐적이긴 하지만 국지적인 집중 호우
덕분에 투명한 눈사람처럼
한자리에 서서 눈을 맞는 기분으로
하루를 보냈다

햇빛으로 뼈를 녹이는 눈사람처럼
이번엔 굵은 뼈대를 세우는 빗줄기는
온종일 내 발목을 잡고 있다

창밖에는 때 맞은 신록들이
너 나 할 것 없이 다투어 잎을 털어 대고
바짝 말랐던 길엔
눈사람의 퀭한 눈만 남았다

이제 끝인가 싶어 하늘을 쳐다보면
눈사람의 눈빛이 가슴에 남아서
올 장마는 깊게 빠져들 수 없다.

행복

행복하다는 것은, 어쩌면
사유의 끝에서 오는 아픔이다

우리에게 주어진 고통 앞에서
소리와
언어와
생각이 없는 시간은
상상의 부재에서
단지, 조율도 없는 몸부림일 뿐

들리지 않는 소리의 끝에서
언어를 만들어 내고
도저히 만날 수 없는 그 무엇에게
피 같은 침묵으로 화답했다면

만질 수 없는 소리로
언어의 혈을 열어서
치명적인 아픔, 그 고통을
행복이라고 말할 수 있는
우리는, 진정 행복한 사람이다.

여백

얼마간 분주한 시간을 보냈더니
손끝이 닿지 못하는 구석까지
먼지가 목을 움켜쥐고 있다

망설임도 없이
청소기를 돌려 잔해들을 제거했더니
고개를 내민 바닥에
희멀건 얼룩들이 내 눈을 속이고 있다
힘을 가해 물걸레질을 하고
물기가 마를 때까지 기다렸다

그런데 물기가 가시기도 전에
휙 지나가는 날벌레
저 투명한 흔적은 무엇인가?

어디에도 완벽한 여백은 없나 보다
다만, 아주 조금만
내 안의 아우성치는 소리만
조금씩 내려놓으면 그뿐….

독서

낡은 시집 한 권이 손안에 들어올 때
한여름 찜통 더위 끝에서 바람이 분다
나뭇잎에서 일기 시작한 바람은
제법 잔가지를 흔들고
며칠째 쪽수만 넘기던 내 손가락 끝에도
힘이 생겼다

에어컨의 풍향 조절 대신에
와르르 몰려오는 매미 소리를 선택한 것도
아주 오래전에 행간에 풀어 두었을
시인의 고된 소리를 듣고 싶어서다

시 한 편을 마음에 넣을 때도
한겨울의 솔검불 바스락거리는 소리를 듣는데
여름내 벌겋게 달아오른 인고의 삭임은
서녘 하늘로 넘어가는 해그림자의 미련
그것에 비할까?

여름이 다 지나가면 또 어때?

읽고 또 읽다 보면
깡마른 대나무 속에서
통통하게 살찐 바람을 만날 수 있을 것이다.

말 가시

아무리 좋은 말이라도
듣는 사람이
접어서 들어주면
구김이 생기듯

아무리 나쁜 소리라도
말하는 사람이
독소를 빼고 전해 주면
아픔이 덜하듯

어디
아픈 만큼 단단해졌을까?

말하는 사람이나
듣는 사람이나
깊은 주름을 펴려면
긴 시간 아파하듯

말 속에 박혀 있는 가시는
스스로 아파한다.

비상, 그 아래

봄, 여름, 가을
소금꽃이 하얗게 필 때까지
나는 너희들이
피어오르는 모습을 보지 못했다

산책로 얕은 풀섶에서
풀벌레 소리가 들릴 때도
나는 너희들이
그곳에 있는 줄 몰랐다

망초가 흰 꽃을 피우고서야
긴 시간 말없이 달빛을 달이고 있는
너희들이 보였다

높이 날아오른다는 것은
망초꽃이 소금빛으로 발효되듯
아주 작은 것조차 버려야 한다고
그래야만 가볍게 날 수 있다고

비상, 그 아래에서
너희들이
그렇게 나를 쳐다보고 있었다.

제3부 가을

가을,
극치의 아름다움은
더 많은 시간을 비워야 하는 것
노쇠한 들풀이 스러져 누울 때까지.

홍시 · 1

말도 없이
생각에 잠기다가
어느 날 터질 듯
진한 감동으로 물든
맑은 물방울 하나.

홍시·2

비밀 하나
간직하기 힘들어서
오랜 시간
떨떠름한 마음으로 살더니
가만히
가만히
비밀을 먹고
어느새
맨들맨들 빛을 내고 있는
여유.

입추

가을이 온다고
말뿐인 시간

어제처럼 더운 것 빼고는
하나 달라진 것 없는데
달력에는 입추라고 적혀 있다

나도
일정란에 다시
'어비계곡'이라고 적어 둔다

지난해 입추는
일정에 따라 제구실을 해주어서
사람의 간사함을 조석으로 알려 주었는데
올가을은
한여름 뙤약볕에 기가 죽었다

어디, 기가 죽은 것이
때를 못 찾은 입추만 있을까?

온 여름을 붙잡고
아들 방학계획표에서 기가 죽는
함수, 방정식 다시 집합들

에어컨 아래서
말만 덥다고
말뿐인 입추라고
뜯어먹는 단어장 먹어치우듯

내 맘처럼
올가을은 오지 않을 모양이다.

가을 장마

가을은
굵은 빗줄기로 쏟아진다

엄청 놀랐을 쓰르라미는
밤새 숨죽여 있었다
나는 걱정 반 의심 반으로
바싹 귀를 열고 창문에 붙어 본다

누가 먼저랄 것 없이
쓰라리요, 쓰라리요
신호를 보내는 쓰르라미들

분명 무엇인가를 찾고 있었다

빗줄기는 더욱 가속이 붙었고
나는 창문 쪽으로 더 가까이 다가섰다
쓰르라미들의 신호음은 끊겼다

한참 지나서 빗소리가 잦아들었다

그때 쓰르라미들의 목소리가 들려왔다
아, 그들은 쉼 없이 신호를 보내고 있었다

여름의 끝에서
자신들의 흔적을 찾아서

두려움이 없다.

구름처럼

수증기 걷힌 아침나절
이름도 모를 시인을 만났다

낡은 시집 속, 시인은
시대의 바람 앞에서
광기 어린 눈물을 흘렸다

하지만 지금 시인은
진하지도 않게
화려하지도 않게
누에고치가 실을 뽑아내듯
솜털구름으로 두둥실 떠 있다가

젊은 날에 남겨 둔 시 한 줄
높지도 않게
무겁지도 않게
상처 입은 풀잎에게
솔솔 뿌려 주고 가겠지….

청설모, 둥지 찾는 시간

넘어가는 해
나뭇가지에 걸어 놓고
노을, 산마을 바라본다

이른 아침
연둣빛 이슬
때맞아 숲 속 하루 잘 열어 주었는지

산바람 끌고 쏘다니던 청설모
제 집 잘 찾아들었는지

새소리 굴리며 놀던 언덕배기
솔향기 덮어 두었는지

산마을 집집마다 꽃노을 지고
온종일 익은 해 식어지도록

노을, 마을 어귀에서 서성인다.

바다

바다는 지금 생각에 잠긴다

붉은 진앙지를 찾아 배회했던
한줄기 빛은

태초의 모습을 닮아
광기만 남아 있는
그래서 칼날처럼 보이는 생명에게

깊이 잃은 아득한 시간
바닥을 차고
살 오를 무리들을 위해

바다가 있어 깊고
하늘이 있어 높듯이

바다는
쉼 없이
인고의 초야를 밝힌다.

추억 · 2

글쓰기 좋다는 가을
빈 키보드만 눌러대고 있는 나는

풋풋했던 여고 시절
모니터 가득 채워 보지만
머쓱 다가서던 그 아이 얼굴로
커서 자국 남을까 봐

오늘도 글 한 줄 쓰지 못했다

붉게 단풍 지는 날엔
꽤 긴 시간 빈혈을 앓다가
가을빛 단단해지면
야윈 내 모습 여물어 갈까 봐

그때도 글 한 줄 쓰지 못했다

가랑잎 잔뜩 묻힌 시간
설야에 긴 잠 들고

모니터 속에 백지로 남을 즘
그것이 그리움의 끝일까 봐

가을의 끝에서 글 한 줄 쓰지 못했다.

청춘, 그 아름다운 시간

광활한 들판이 아니면 어때
내 꿈 가꾸어 갈
내 사랑 피어날
나무 한 그루 있으면 되지

조금 작으면 어때
초라한 시간
눈먼 갈등
박차고 일어날 바닥이면 되지

씨앗 하나
발아의 숨통을 열 때
녹록한 것은 한 톨도 없었지

막다른 질주
금이 간 좌절
한여름 까맣게 단단해져야
가슴 벅찬 신록
푸른 창공을 향해
바닥 박차고 일어나지.

노을

저녁 해는
너무 아름다워서
슬퍼 보입니다

어제는
산 그림자 길어지도록
솔가지에 걸린 황금빛
곱게 빗질을 하더니

오늘은
산바람 놀다 간 언덕에
온종일 밝혀 둔 푸른 하늘
황금빛으로 머물고 있습니다

어제도
오늘도
서산으로 곧장 넘어가지 못해
저녁 해는 슬퍼 보입니다.

10월, 양양에는

가을빛 익어 가는 계절
10월이면
내 고향 양양에는
알싸한 송이 내음 그윽하다

선잠 깬 솔향기
탱태글 망울져 올 즈음
솔검불 살살 헤쳐 보면
솔향기 뒤집어쓴 어린놈
보랏빛 향기 내뱉고

여름내 그을린 햇살
여물어 걸린 가을처럼
갈빛 무더기들의 향연이 숨쉬는

10월, 양양에는

산새 부리
따악, 깨우지 않아도

동토의 아침
그 장엄한 시간을 깨우는
천년의 향기가
가을을 캔다.

사람과 매미

도심지에서는 사람이나 매미나
여유가 없는 것은 마찬가지다

콩나물시루 속 같은 지하철을 타고
사무실에 총알처럼 도착해서
그곳을 뱅뱅 돌다가
다시 사람들의 신음 소리로 가득 찬 승강장에서
집으로 향하는 경적 소리를 기다리는 사람들

짧은 생을 마감하는 매미
들로 산으로 멀리 풀어야 할 교신음들이
딱딱한 도심에서는 찢어질 듯 날카롭게
더욱 예민한 소리로
콘크리트 벽에 튕겨져서 쨍쨍 울어 댄다

부기 어린 낯빛으로 사전을 뒤적이듯
온종일 맴돌다 가는 매미들에겐
습관적인 소리만 들릴 뿐이다.

잠자리

제철을 만난 잠자리 떼
마냥 제 세상이다

노릇하게 여문 잠자리는
하늘을 품고 날다가
가끔 나뭇가지에 내려와 쉬고
어쩌다 심심하면 사람도 모른 채
모자를 슬쩍 건드려 보고
그러다 휘잉 잔디를 훑고 지나간다

한나절 내내
잠자리 떼가 솟구쳐 비행을 하면
잔디 위로
가을빛이 떨어져 내리고
날갯짓에 묻어온 갈꽃 향
갈바람에 점점이 찍힌다.

연인

코스모스 하늘거리는 날에는
가을이라고 말하지 않아도
꽃 그림자 일렁이는 길가에
또다시 그 이름 하늘거린다

불러 주지 않아도
기다려 주지 않아도
하늘길이 무척 길어 보이는 날에는
아무 말 하지 않아도
소곤소곤 마음을 열고 들어오는
사람아

그 많은 시간 동안
어디에서 기다리고 있다가
명감나무 탱글거리듯
갈바람 돌돌 말아서
회한으로
그리움으로
그렇게 안타까움으로

소리 없이 찾아온
사람아

숨 가쁜 날 잠시 잊었던 그 이름
가을이라고 말하지 않아도
연인아
너는 나를 잊지 않고 찾아왔구나.

돌아가는 길

누군가를 떠나보낸다는 것은
슬픈 일이다

나의 임종을 알지 못하는 것처럼
불현듯 가슴을 비워야 하는
푸른 날들이 슬픈 일이다

겨우 찾아낸 길을 걷다가
눈부신 날 얄궂은 방에서
슬픈 날의 새에게 날개를 달아 주던 너에게
누가 그러더냐?
한 세상 잘 살았다고

새여, 이제는 그에게
날개를 빌려 주어라
잎눈도 뜨지 못한 너에게
창공을 누릴 수 있는 정신을 달아 주었던
그때 그의 마음으로

시인이여, 이제는 맘껏 날아라
첫 비상을 했던 새의 마음으로.

가을에게

가을,
너무 많은 것을 남기지 마라

작은 손짓도 놓치지 않던
낙엽의 떨림은
오랜 시간 사유를 통해
섬세한 기다림을 낳았고

갈바람 일던 언덕에
무리 지어 앉아 있던 국화 향기
산 넘고 들 지나
그리움을 전해 주더니

달빛 이고 새하얀 미소를 짓던
갈대의 속삭임은
늦가을 비파 소리로 남았다

가을,
극치의 아름다움은

더 많은 시간을 비워야 하는 것
노쇠한 들풀이 스러져 누울 때까지.

조문弔文

떠난다고
남는다고
어디, 온전한 흔적이 남을까만

살아온 동안
철없던 행동마다
미안함이라는 이자가
늘어났다고

살아가는 동안
믿음이라는 핑계로
후회라는 이자가
배로 늘어난다고

빛 잃은 허물들
주섬주섬 포개서 나든다고

떠난다고
남는다고

어디, 줄어들 빛일까만

떠나는 사람도
남아 있는 사람도
지금, 시간 안에 멈춰 서야 해.

한가위

앞집 가희네 옥상에 보름달이 떴다
어찌나 밝은지 까만 내 속도 다 보인다
효도는 달이 훤하게 비출 때
남들 보라고 하는 것인지
우리 집 지붕에 찾아온 보름달은
더디게도 떴다
가희네 식구는 다달이
시댁으로
친정으로
달빛을 살찌운 지 오래다
그래서 올해 가희네 보름달은
유난히 단단해졌다
심호흡을 크게 하고 가희네 옥상을 바라본다
하루 반짝 살이 오른 우리 집 보름달이
내 마음도 모르고
금방 부기가 빠져 버릴까 걱정이다.

낙엽·2

얇아진 무게만큼
덜어낼 것도 없는데
노랗게 빨갛게
시간을 두르고
떠나는 당신

오늘
당신을
바람이라고 부르고 싶다

가녀린 허리춤
남실거리며 떠나는 당신

오늘
당신을
사랑이라고 부르고 싶다.

단풍잎과 은행잎

얼마 전 운동회를 치른 초등학교 운동장에
단풍나무와 은행나무가 입을 다물고 서 있다
휘날리던 만국기도 목청껏 외치던 응원 소리도
입을 다물고 조용해졌다
한껏 물오른 자태를 겨루던 두 그루의 나무가
뚝뚝 떨어지는 상대를 보며 침묵하는 것은
체념도 달관도 아니다
다만 서로에게 반사되는 가을빛을
받아들이고 있는 것이다
아이들의 발자국으로 다져진 운동장의 단단함처럼.

오색령

진주빛 바람이 부는
그곳, 오색령으로
온종일 밥 짓는 냄새 가득한
그곳, 오색령으로 가자

밤새 둥지에 들었던 새들 품고
아득한 밤을 잠재우다가
새벽을 창조하는 능선의 함성처럼
팍파닥 튀어 오르던 연어의 비늘처럼
인고의 등을 깎아내린
오색령에 서면

잘 발효된 석류처럼
쏟아져 내리는 붉은 그리움
그곳에 있으니
세월은 늙어
아르르 저며 오는 연인아
내 푸른 날은 산 정상에
주춧돌로 뿌리내린 지 이미 오래

그래, 가자 오색령으로
진주빛 바람이 송이 향처럼 태엽을 감는
오색령으로 그래, 가자.

가을 소리를 들으며

가을빛 여물어 가는 계절
함초롬 피어 있는 꽃잎이 생각에 잠기고
끄덕이는 잎새 사이로 갈바람이 빗질을 합니다

이런 날엔
누가 귀띔이라도 해주었는지
그렇게 내리쬐던 여름 볕
은은한 국화 향 뒤편에서 숨을 죽이고
파릇하게 서 있던 풀들도
무게를 내려놓고 쉬고 있습니다

때가 되면 하늘빛도 익어 가듯
울컥하던 물소리도
패악을 치던 바람 소리도
잘 발효된 무화과처럼 깊은 맛을 냅니다

가을이면 이렇게 조금씩
손끝에 전해지는 계절의 숨결과
달빛 쓸어내던 우주의 심장 소리를

누가 풀어 주지 않아도
가슴으로 만질 수 있어서 다행입니다.

님들이 지켜 낸 소리
―순국선열의 날에 즈음하여

우리는 이맘때면
새벽 동녘에 떠오르는 태양 같은
깃발을 흔들고 싶다

예전에 님이 외쳤던
죽어서도 펄럭이는 깃발
누구나 알 수 있는
내 나라, 내 언어가 적혀 있는
님들이 지켜 낸 소리로
올곧은 노래를 부르고 싶다

오늘
떠오르는 태양은
땅 잃은 아득한 날
님들의 목울대 울음소리

이제는
퀭한 눈으로 새벽을 부르고 싶지 않다
님들의 땅에서

님들의 하늘에서
우리의 자존을 알리는
붉은 심장 소리를 듣고 싶다.

제4부 겨울

새하얀 그리움으로

얼음꽃
심장을 가두었다.

상고대 · 1

밤새
무슨 일이 있었는지

꿈속에서
누구를 만났는지

새하얀 그리움으로

얼음꽃
심장을 가두었다.

상고대 · 2

청잣빛 하늘 눈 뜨기 전
부서질 듯 열려 있는
내 젊은 꿈들

이른 아침 찬바람에
이가 돋친 마흔앓이처럼
바삭바삭 울고 있구나

한참을
아주 한참을
머—언 곳을 흔들어 봐도

겨울새 한 마리 찾아오지 않아
더욱 서러운 아름다움아

한여름 풀 냄새
성큼 잃어버린 날들
향수에 젖어

한참을
아주 한참을
머―언 곳을 쳐다본다.

상고대·3

고요히 내려앉은
은빛 시간

아무 말도 하지 않았다

간간이 불어오는
바람도 조심스러워
올 곳도
갈 곳도 없는
호수

작은 흔들림
미세한 방해도 뿌리치는
고독

멈춰 버린 시간
차라리
아무 말도 하지 않았다.

길·3

길은
처음부터 있었던 것이 아니다

태초에
무성했던 별빛과
대지를 깨우던 살갑던 바람은
어떤 몸짓도 없었다

시간이 흘러
길이 열리고
서광이 비친 것은 더더욱 아니다

앞서간 이들의 흔적
그것은 길 잃은 날
작은 위로일 뿐

거친 뫼를 오를 때
가파른 숨통을 토해 보았는가?
아득한 물길을 열 때

꺾이는 고통을 맛보았는가?

길은
무수한 날들 위에
목타는 시간을 깔아 놓은

가야금 선율 같은 것.

까치밥

빈 시간을 보내고 있는 일요일 오후
커피 한 잔 들고
아무 생각 없이 창가에 선다

유난히 반들거리는 홍시 몇 개
저것을 누가 남겨 두었을까
또, 누가 쳐다만 봤을까

오랜 시간 약속처럼
선뜻 돌려주고 탐하지 않는
남겨 둔 여백

내년에도 그 이듬해도
더 높은 가지 끝에
맑은 홍시 몇 개 피어 있을
기다림의 여유

창 너머 하늘 가득
어느새 커피 향기 피어난다.

서리꽃

밤새
산비탈 둔덕에
피어난 서리꽃

이상한 일이다

반짝이는 조각 비늘
다가서면 빛을 잃고
물러서면 각을 세우고

혹시나
부서져 내릴까 봐
가만가만 불어 보면
입속 가득 스며 오는
서리꽃.

알람

"오전 6시, 일어날 시간입니다."
"5분 후에 다시 울립니다."
가공화된 목소리
나는 기계적으로 실눈을 떠 본다

"오전 6시 5분, 일어날 시간입니다."
어김없이
나를 일으켜 세운 것은
"딸, 일어나 학교 갈 시간이야."
예전에 어머니 목소리가 아니다

그림자처럼 일어나
우유 한 잔과 빵 한 조각
부품을 조립하듯 아침상을 차린다

아들은
능숙한 솜씨로 빵에 잼을 바른다
그리고 주어진 시간 내 현관문을 나선다

"엄마, 학교 다녀오겠습니다."
현관문을 닫으며
아들은 휴대전화를 들여다본다

"……."
오전 시간 조종은 끝났다
조용하다.

겨울 숲·1

참나무가 시원하게 솟아 있고
직선으로 내려오는 산바람과
겨울 꽃이 아름다운 산
우리, 그곳에서 만나자

오롯이 있어야 할 눈꽃 잎
지금은 단단한 빙화로
빛을 내는 겨울 산에서

따갑도록 날카로운 칼바람
내 심장을 찔러 댈수록
찬 비린내가 더 좋아지는 까닭을
우리, 그곳에서 찾아보자

정상이 가까이 다가오면
걸음마다 민감해지는
뽀드득거리는 저 몸짓도
이유가 있을 것이다.

비석 거리

고향 집 신작로 가에는
늙은 비석 여러 기 서 있었다
구멍가게에서 과자 하나 사면
동네 꼬마들이 모여 놀기엔
아주 제격이었다
그릉그릉 버스가 지나가면
뽀얀 먼지를 뒤집어쓴 머슴애들은
비석에 목말 타고 손을 흔들어 댔다
나무라는 사람도 별반 없었다
누군가를 위한 송덕비는
온몸이 얼어붙는 한겨울이 될 때까지
그렇게 꼬마들과 친구로 지냈다
이제는 아버지로, 어머니로
한 기 비석이 되어 줄 꼬마들은
기억하고 있을까!
내 고향 늙은 비석들의 그늘을
흰 나비 떼처럼 피어오르던 먼지를.

체감 온도

꽁꽁 얼어붙었다
연일 방송에서는 동파 우려다
3일째 영하 10도를 웃돌다
오늘은 영하 7도라는 반가운 소식이다

거리가 활기차다
마트에서 돌아오면서 웃음이 나온다
며칠 전에도 영하 7도 안팎이었다

보는 느낌으로 온도를 체감하듯
우리들의 삶도
그제도 어제도 오늘도
손톱 밑에 박힌 가시처럼
더 아플 수도 있다

그리 녹록지 않겠지만
단번에 적응하긴 힘들지만
분명한 것은
오늘은 며칠 전 포근해졌던 영하 7도.

별이 아름다운 이유

별이 아름다운 이유는
선명한 어둠이 있기 때문이고
삶이 아픈 까닭은
숨어 버린 꽃 탓이라

별이 제아무리 아름답다 해도
영롱한 눈을 뜰 수 없다면
아무 소용 없느니

꽃을 찾아 나서지 마라

이 세상 어딘들
한평생 늙지 않는 꽃은 없느니

지금 별이 아름다운 이유는
어둠을 품고 있기 때문이니.

불꽃놀이 · 2

두근거리는 소리
그리고
밤하늘에
피어난 민들레

홀씨들
사방으로 흩어지기 전
무엇인가
결심한 그 순간

심장을 열어 보이는
예리한 눈빛.

자화상 · 3

거실 벽면에 걸린 사진 속에서
여자를 벗어 놓은 그녀가
나를 쳐다보고 있다

그녀는
늘 미소도 잃지 않고
넘치는 반응을 보인 적도 없다

온종일
말을 아끼고 숨을 참으며
웅크리고 앉아 있을 뿐

내가 무엇을 말해 줘야
그녀는
고른 숨을 쉴 수 있을까?

늦은 밤이 돼서야
가슴에 품었던 말줄임표들
조용히 행간 속에 풀어낼 그녀

오늘도 그녀는
낡은 시간 속에서 경건한 의식을 치르듯
또 다른 여자로 변신 중이다.

민낯 바람

방향을 잃은 지도 위로
민낯 바람이 건조하다

겨울 종족들이 씨앗을 뿌리듯
언 땅을 딛고 흩어지는 새하얀 눈발들은
촘촘히 짜여 오는 아침 햇살에도
사정없이 맨살을 드러낸다

나침반도 방향을 잃었다
종잡을 수 없었던 씨앗들은
머지않아 사방에 뿌리를 내리겠지만
아직도 혈통을 찾지 못한 무수한 홀씨들은
발아점을 찾지 못한 지도 위에
끝내 표류할 모양이다.

거울

하늘이 고여 앉은 수면
그 속으로 구름들이 나이테 같은 주름을 구기며 지나간다
그 옆으로 어정쩡하게 서 있던 나뭇결이 휘청거리다 몸을 세운다
멀거니 서 있던 태양도 어쩔 수 없이 얼굴을 내밀어 보지만
이미 금 간 거울엔 붉은 얼굴은 없다
허옇게 바랜 낮달만 미늘에 걸린 물고기처럼
바람이 만들어 놓은 그물에 갇혀 있을 뿐이다

저 거울만 없었다면
바람이 훑고 지나간 거리에서
겹으로 밀려가다 아가미가 찢어지는 고통은 없었을 것을

서러운 만큼 돌멩이를 패대기쳐 본다
그럴 때마다 요란하게 튕겨져 나간 조각들은
네모로 세모로 각자의 생각을 만들어 간다

아무리 좁은 거울 속에서도
나무의 꺾이는 숨소리가 들린다

돌멩이에 찍힌 상처 난 거울
한참 동안 피멍이 들어 있더니
차곡차곡 물 위를 덧칠하고 있는 바람의 향기가
내 동공에서 거울을 만들었다
쉿, 가만히
숨을 고르고 바람의 길을 찾아본다
아, 그제야 보았다
 거울 깊숙한 곳에 있는 자신들을 찾아 나선 그림자들의 유영을.

하늘빛 고운 날

시詩 앞에 서면
강가에서 불어오는 바람의 냄새가 보입니다
바람의 갈피마다 구름들이 짜놓은 빗물
그들은 바람의 생각에 따라 태양의 온도를 기미氣味하며
온종일 물비늘을 세우고 물결을 가늠했을 것입니다
어제는, 속살거리던 계절의 수다로
오늘은, 침묵과 기다림으로
그리고 내일은, 물살을 읽어 가는 낙엽처럼

시詩 속에 들어서면
덧대어 박음질한 조각보 하나 있습니다
나뭇잎 한 잎 한 잎 이음매 단단한 조각보
가만히 펼쳐 보면
물소리, 바람 소리 그리고 숨소리마저 다릅니다
어느 것 하나, 같은 것이 없지만
조각보가 단단해 보이는 까닭은
나뭇잎의 흔들림까지 놓치지 않았던 섬세함
바로, 바람의 이끼 냄새로 여겨졌기 때문입니다.

달력

삼백예순 날
내 작년 달력에는 앵무새들이 살고 있었다
새들은 식탁 위에 자리를 잡고 앉아
나의 시간별 숨찬 소리를 따라 한 탓에
내 허파의 무게와
심장의 두드림을 얄밉도록 알아챘다
그리고 부리도 야무지게 변해 갔다
온종일 장대비가 내리는 날엔
앙팡진 빗소리를 어금니에 가둘 줄 알았고
구름이 가려져 어깨가 내려앉는 날엔
시커먼 소굴도 콕콕 쪼개 놓을 수 있게 되었다

그런데, 칼바람이 불던 날
나는 달력에 철자법이 틀린 글자를 써 놓았다
순시가 없는 말들은 정석을 흔들어 놓았고
내 도마 소리는 밥알을 자르고 있었다
그날 휘어져 있는 새의 발톱을 보았다
창문을 휘감는 억센 바람은
내 허파에 무수한 가지를 치고

날카로운 새의 발톱은
내 심장에 깊은 상처를 냈다

앙다문 부리에 긴 침묵이 걸렸다

그리고
국그릇을 뒤집어쓴 새장에서
블랙홀을 빠져나온 홀쭉한 새 한 마리
가시 박힌 바람을 목구멍에 구겨 넣고 있었다.

점

점 하나라는 말
그렇게 어려운 것이 아니다

수많은 점들이 모여
하나의 선을 만들어 가는
팽팽한 오후
어디에도 멈춰 선 것이 없다

직선으로 내려오던 햇살
창가에서 머뭇거릴 때까지 모든 것은
뭉쳐 있는 생각이었다
햇살이 거실로 들어올 때
하필 산호수 머리 위로 떨어졌을까?
그때부터 모든 것은 살아 있었다

산호수 잎에서 졸고 있던
각질을 세운 먼지들
씨눈을 뜨고 붙어 있는 것을 보면
꽤 오래 모양새를 잡았나 보다

나도 겨울이면 씨눈을 틔운다
찬바람 불면 찾아오는 손끝의 가실거림
생각 없이 지내다 스웨터 올이 걸리면
계절을 용케 알아채고
내 손 끝에선 보풀이 살아난다

봄기운 딸그락거리면
내 각질도 죽은 척하듯
걸레 끝에 밀려서 벼랑 끝으로 몰린 먼지들
지금 이 순간에 어떤 생각을 할까?

오늘도 흉터 하나 남겼다.

흔들리는 것

흔들리는 것에는 뿌리가 있다

바람이 불면 흔들리기 마련
바싹 마른 들판에 물기 촉촉한 바람이 불면
바람을 따라서 나뭇가지가 휘어진다
금방이라도 떨어져 버릴 것 같은 나뭇잎
가는 목을 빼고 매달려 있다

흔들림에 익숙한 것들
흔들림에 노출되었다고 해서
모두 날아가 버리는 것이 아니다

바람은 뿌리가 없다
날아가는 것은 뿌리가 없다

방목을 일삼는 바람
많은 것을 흔들어 놓는 것은
부러진 나뭇가지 끝에 매달려 있는
나뭇잎의 씨눈을 보았기 때문이다

알고 보면
흔들린다는 것은 버티려는 몸부림이다.

감기

냉장고 문을 습관처럼 지배하던 내 식욕
휘파람 소리를 듣던
어느 날 밤

넘쳐나던 먹거리 대신
미궁 속을 헤집는 오열 소리를
얼음주머니에 말아서
싸늘하게 식어 버린 내 목울대의 길목
그 캄캄한 떨림을 감지하고 있다

오묘한 소리는
돌아누울 때마다
환청인지 유령의 웃음소리인지
살갗을 찔러 대는 주사바늘 소리를
귀신처럼 흉내 내고 있다

문득, 시계추 소리가 들린다
그때마다 찰칵찰칵 목울대 꺾이는 소리는
흥건해진 얼음주머니의 온도처럼
첫 닭의 울음소리를 기다린다.

나로 인해

이 밤
바람에 꺾인 나뭇가지 사이로
쏟아지는 나이테의 눈물 소리

누군가 그 소리를 듣는다면

나는 칠흑 같은 그믐밤이어도
내 심장의 숨결로
가장 밝은 선홍빛 꽃을 피우겠습니다

나로 인해 누군가
화살 같은 물결 위에
가장 위태로운 꽃을 피운다면

나는
당신의
긴 눈물 때문에

밤새

칠흑 같은 어둠을 모아
가장 은밀한 꽃을 피우겠습니다.

달관

가슴을 열고 하늘을 보기 전까지는
당신도 그랬을 것이다

껍질이 속살보다 더 위로가 될 때
반질거리는 매끄러움이 전부라고 여기듯
앞서거니 뒤서거니 생겨난
낯선 땀방울들을 보고서야
진실과 허울이 한눈에 들어오듯

아마 당신도 나처럼
한참을 가다 보면 만나고 마는 진실을
저 침잠의 하늘에서 눈을 감고 찾았으니
산 너머 짐승들이 울어 대는 이유를
깊은 산속에서 찾았겠지

이제는 풍선처럼 터져 버리면
겉과 속도 없는 미련한 짓들을
애당초 내 동공 속에
붙들어 매지 말아야 할 것 같다.

첫눈

작은 일에도 큰일에도
내가 무턱대고 불을 질러서
날마다 새까맣게 탔는지
어머니 마음은 흰 재가 되어 날리네요

어머니는
나보고 왜 그랬냐고
지금은 물어볼 만도 한데
아직도 가슴을 태우시느라
말없이 설화로 피어날 모양이어요

어머니,
이제는 저도 할 수 있어요
꼭 저를 닮은 딸이
작은 일이든 큰일이든
날마다 불을 질러 대도
새까만 재로 받아낼 수 있으니

어머니,

이제 당신은 시리도록 하얀 겨울꽃보다
곱디고운 여인으로 피어나세요.

눈이 오시려나

슬픔과 아픔
밤새 품고 있다가
명치끝 통증까지
다스려서 내보내기를

눈이 오시려나
눈까지 침침하다가
속까지 쓸어내리는
이렇게 묵은 고통을 주는구나

꼬깃꼬깃 접어 둔 분노
순백의 모습으로
화르르 태워 버리면
온 천지에 용서라는 이름으로
새하얗게 내릴 것을.

첫눈이 오면

첫눈이 오면
눈사람을 만들겠다

달항아리 빚듯 정성스럽게 구워서
순백이라는 이름을 달아 주고
밤이면 달빛 받아 더 하얗게 빛나는
녹지 않는 눈사람을

작년에도
허무라는 이름을 달고
눈사람이 소리 없이 사라질 때
내 뜰로 떨어져 내리는 달 껍질을 보았다

이제 첫눈이 오면
흰 겨울이 제 맛을 다하고
땅바닥이 물렁물렁한 뼈대를 내비칠 때까지
청아한 빛을 발하는 눈사람을 만들겠다.

입시, 그 한파

2011년 11월 10일
올해는 따뜻했다

얼음처럼 냉철한 오늘
낙타는 짐을 내려놓는다

20여 년 켜켜이 다져 온 무게
교문 밖 간이의자
겨울바람이 스친다

좁은 문을 들어설 때나
바늘구멍을 나설 때나

이 땅에는 고드름이 달린다

언제까지
낙타의 등에 짐을 실어야 하나

올해도
어김없이 한파는 찾아왔다.

비상,
그 아래

발행 | 2016년 9월 28일
지은이 | 추경희
펴낸이 | 김명덕
펴낸곳 | 한강출판사
홈페이지 | www.mhspace.co.kr
등록 | 1988년 1월 15일(제8-39호)
주소 | 서울시 종로구 인사동길 5, 408(인사동, 파고다빌딩)
전화 735-4257, 734-4283 팩스 739-4285

값 11,000원

ISBN 978-89-5794-339-7 04810
      978-89-88440-00-1 (세트)

※ 저자와의 협약에 의해 인지는 생략합니다.
※ 이 도서의 국립중앙도서관 출판예정도서목록(CIP)은 서지정보유통지원시스템 홈페이지(http://seoji.nl.go.kr)와 국가자료공동목록시스템(http://www.nl.go.kr/kolisnet)에서 이용하실 수 있습니다.(CIP제어번호: CIP2016022591)